Mi Vecindario

El hospital

Aaron Carr

Visita nuestro sitio www.av2books.com e ingresa el código único del libro.
Go to www.av2books.com, and enter this book's unique code.

CÓDIGO DEL LIBRO
BOOK CODE

W977068

AV² de Weigl te ofrece enriquecidos libros electrónicos que favorecen el aprendizaje activo.
AV² by Weigl brings you media enhanced books that support active learning.

El enriquecido libro electrónico AV² te ofrece una experiencia bilingüe completa entre el inglés y el español para aprender el vocabulario de los dos idiomas.
This AV² media enhanced book gives you a fully bilingual experience between English and Spanish to learn the vocabulary of both languages.

Spanish

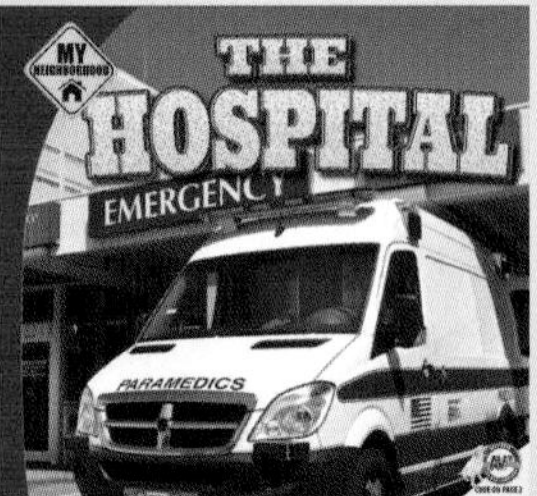

English

Navegación bilingüe AV²
AV² Bilingual Navigation

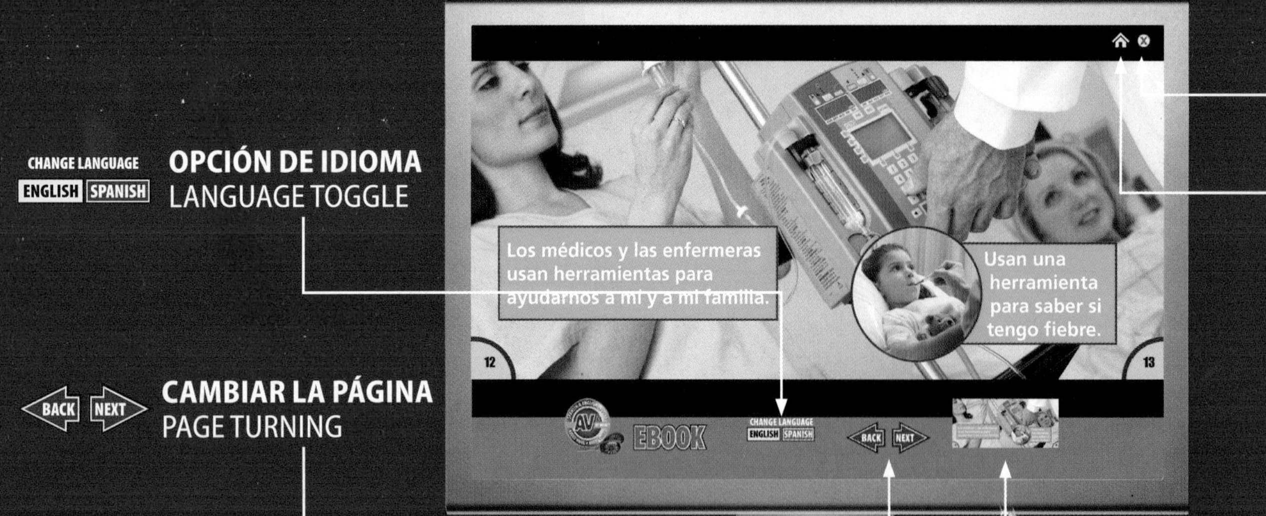

CERRAR
CLOSE

INICIO
HOME

CHANGE LANGUAGE
ENGLISH SPANISH
OPCIÓN DE IDIOMA
LANGUAGE TOGGLE

BACK NEXT
CAMBIAR LA PÁGINA
PAGE TURNING

VISTA PRELIMINAR
PAGE PREVIEW

El hospital

CONTENIDO

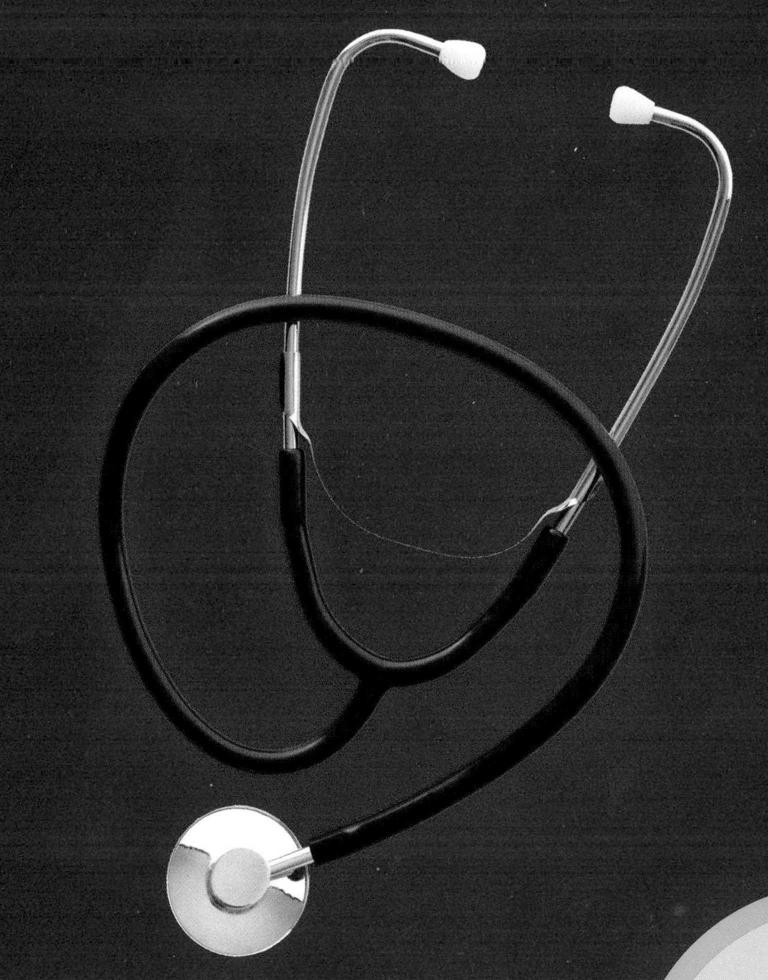

Este es mi vecindario.

El hospital está en mi vecindario.

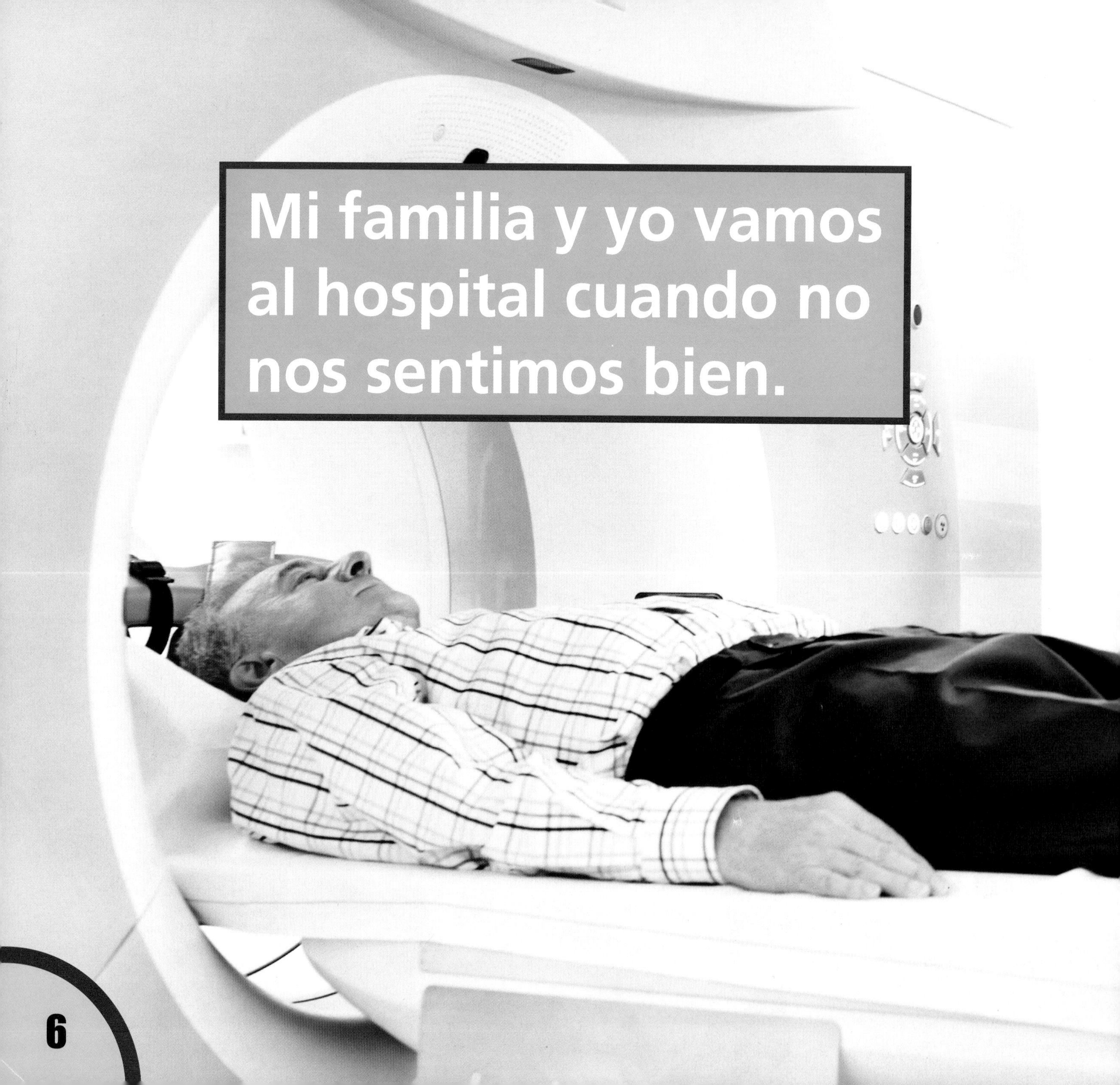

Mi familia y yo vamos al hospital cuando no nos sentimos bien.

El hospital tiene máquinas que indican si estamos enfermos.

Cuando voy al hospital, los médicos me revisan.

Me revisan para saber si estoy lo suficientemente bien para irme a casa.

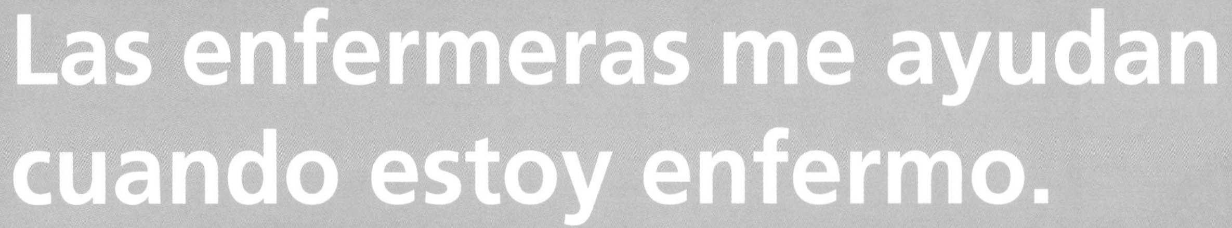
Las enfermeras me ayudan cuando estoy enfermo.

Ayudan a los médicos a cuidarme.

Los médicos y las enfermeras usan herramientas para ayudarnos a mí y a mi familia.

Usan una herramienta para saber si tengo fiebre.

Las personas de mi vecindario ayudan en el hospital.

Llevan regalos y hablan con las personas que están enfermas.

A veces, el hospital da clases.

Las clases les enseñan a las personas de mi vecindario cómo ayudar a los demás.

Puedo visitar el hospital con mi clase de la escuela.

Mis amigos y yo podemos hacerles preguntas sobre el hospital a los médicos y a las enfermeras.

A menudo veo médicos y enfermeras en mi vecindario.

Se aseguran de que las personas se estén recuperando.

Comprueba lo que has aprendido acerca de los hospitales.

¿Cuál de estas imágenes no muestra un hospital?

¡Visita www.av2books.com para disfrutar de tu libro interactivo de inglés y español!

Check out www.av2books.com for your interactive English and Spanish ebook!

1. **Entra en www.av2books.com**
   Go to www.av2books.com
2. **Ingresa tu código**
   Enter book code
   W977068
3. **¡Alimenta tu imaginación en línea!**
   Fuel your imagination online!

www.av2books.com

Published by AV^2 by Weigl
350 5th Avenue, 59th Floor New York, NY 10118
Website: www.av2books.com www.weigl.com

Library of Congress Control Number: 2014933339

ISBN 978-1-4896-2183-2 (hardcover)
ISBN 978-1-4896-2184-9 (single-user eBook)
ISBN 978-1-4896-2185-6 (multi-user eBook)

Printed in the United States of America in North Mankato, Minnesota
1 2 3 4 5 6 7 8 9 0 18 17 16 15 14

042014
WEP280314

Project Coordinator: Jared Siemens
Spanish Editor: Translation Cloud LLC
Designer: Mandy Christiansen

Every reasonable effort has been made to trace ownership and to obtain permission to reprint copyright material. The publishers would be pleased to have any errors or omissions brought to their attention so that they may be corrected in subsequent printings.

Weigl acknowledges Getty Images as the primary image supplier for this title.